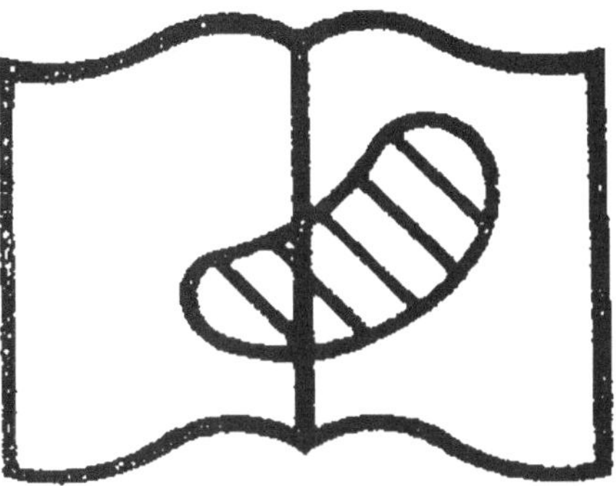

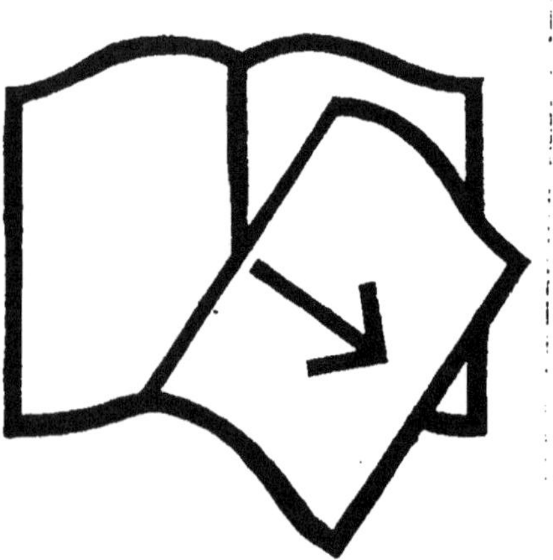

Couverture inférieure manquante

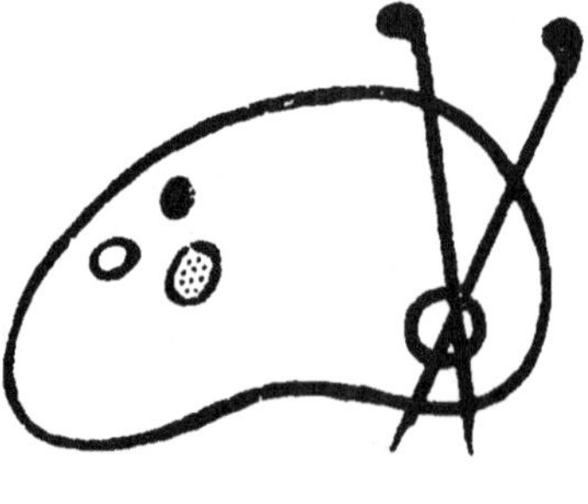

Original en couleur

NF Z 43-120-B

LA NOUVELLE

VIE DE JÉSUS

DU DOCTEUR STRAUSS

H. WALLON

membre de l'Institut

(ACADÉMIE DES INSCRIPTIONS ET BELLES-LETTRES)

PARIS

IMPRIMERIE DE PILLET FILS AINÉ

RUE DES GRANDS-AUGUSTINS, 5

1865

LA NOUVELLE

VIE DE JÉSUS

DU DOCTEUR STRAUSS

PAR

H. WALLON

membre de l'Institut

(ACADÉMIE DES INSCRIPTIONS ET BELLES-LETTRES)

PARIS

IMPRIMERIE DE PILLET FILS AÎNÉ

RUE DES GRANDS-AUGUSTINS, 5

1865

LA NOUVELLE

VIE DE JÉSUS

DU DOCTEUR STRAUSS.

I

Le bruit qui s'est fait autour du livre de
M. Renan a réveillé le docteur Strauss. Une
Vie de Jésus qui se flatte de résumer en un
volume, et de dépasser tout ce que l'Allemagne, depuis cinquante ans, avait accumulé
de témérités sur la personne de Jésus-Christ,
un livre qui, bien que fait pour mettre la
science germanique à la portée de la France,
semblait vouloir en remontrer à l'Allemagne
et se répandait au delà du Rhin : n'était-ce
pas un défi porté à l'exégèse allemande en
général, et au docteur Strauss en particulier ?
Le docteur Strauss en a voulu avoir raison.

Profitant de l'excitation produite par cet ouvrage, il a repris le sien, et sachant par expérience ce qu'il devait attendre des savants, il en a fait, lui aussi, une édition populaire : une édition populaire qui n'a pas, sans doute, les proportions du genre dans notre pays; il faut tenir compte du tempérament des deux peuples : le petit livre du docteur Strauss a deux volumes, et contient quatre fois la matière du gros livre de M. Renan.

Disons-le cependant : si le docteur Strauss a pu voir avec déplaisir qu'on lui ait pris son succès et son titre, il a reçu chez nous toute satisfaction. Nos critiques se montrent à son égard pleins de courtoisie; et, sans plus d'amour-propre national, ils immolent, de la meilleure grâce du monde, à ses autels celui-là même à qui naguère ils prodiguaient tout leur encens.

« Celui qui lit le livre de M. Renan, dit l'un d'eux, est enfacé d'une hypothèse gracieuse, qu'il a plu au charmant écrivain d'inventer... Mais comme le livre ne repose sur aucune base scientifique, il ne se laisse pas discuter. L'œuvre de Strauss a un tout autre caractère... Un homme sérieux peut, à la rigueur, ne pas ouvrir le bel ouvrage de M. Renan; mais quiconque pense est tenu de connaître à fond, qu'il l'approuve ou qu'il la critique, la théorie du docteur Strauss. »

On ne saurait mieux faire à la critique allemande le sacrifice de notre école critique, ni placer le jeune maître dans une attitude plus humble aux pieds du docteur d'outre-Rhin. Il est vrai que le livre du docteur Strauss nous arrive traduit par le rédacteur en chef du *Temps*, et qu'à ce titre il a ses lettres de grande naturalisation dans la presse parisienne. La *Revue des Deux-Mondes* elle-même, où jadis M. Quinet le combattait à fond et l'abîmait dans un article dont on se peut souvenir encore, lui décerne aujourd'hui la palme de la haute critique, sur le revers de sa couverture.

Qu'est-ce donc que ce livre que l'on vante comme une œuvre d'une si profonde érudition, et que l'on offre en prime comme un roman du jour? Est-ce autre chose que l'ouvrage qui a eu un si pénible écoulement en France, quoique traduit et élucidé par M. Littré? et faut-il lui donner tant de retentissement, quand le docteur Strauss lui-même déclare que, pour toute discussion sérieuse des points qu'il touche, il faut recourir à son gros livre à lui? A-t-il fait autre chose que retrancher, comme M. Renan, ses citations, et ôter au lecteur le moyen de le réfuter par les textes mêmes dont le renvoi était jadis au bas des pages? — Oui, le fond du livre est bien toujours ce que l'on sait; mais il a du neuf. Depuis qu'il a fait son apparition, il a été trop fortement battu en brèche et entamé, pour que l'auteur n'ait pas dû essayer d'en relever les défenses les plus compromises, et de faire quelques sorties à son tour sur les ouvrages des assaillants.

Le nouveau livre a trois sections : une introduction où le docteur passe en revue les différents travaux sur la vie de Jésus, discute la question des Evangiles, et leur oppose ses principes ; une première partie, où il présente une esquisse historique de la vie de Jésus, et une deuxième, formant tout un volume, où il traite du mythe. Ajoutons une préface où il déclare qu'il « a salué avec joie » l'apparition du livre de M. Renan, et « qu'après en avoir pris connaissance » il l'a « accueilli avec estime (t. Ier, p. xviii); » et un avertissement des traducteurs, où nous apprenons que « l'analyse chimique n'est pas plus exacte que l'analyse historique de M. Strauss; » que c'est « une œuvre populaire et accessible à tous; » et enfin « une œuvre profondément religieuse (P. ii et iii). » Voyons donc cela.

Dans cette sorte de livres, la partie où l'auteur passe en revue les systèmes de ses devanciers ou de ses contradicteurs, n'est pas la moins intéressante; et c'est, il le faut dire, celle d'où en général se peut tirer le plus de profit : car on a pour les défauts des autres une perspicacité dont on n'est pas toujours aussi bien doué pour soi-même. Nous retrouvons donc dans le livre du docteur Strauss les personnages qu'il a déjà fait comparaître devant lui dans son premier ouvrage. Il y marquera de nouveaux traits les inconséquences de Hess et de Herder, les contre-sens de Paulus et de l'école qui voudrait, dans le miracle, garder le fait naturel en le dépouillant du merveilleux, sans s'apercevoir que le merveilleux est précisément le fond même et la raison du récit; les vains efforts de Schleiermacher pour se dégager des explications de Paulus, et ses « pauvretés » en matière d'inventions; les expédients de Hase pour rejeter les miracles racontés par saint Jean sans porter atteinte à sa personne, en lui créant pour ces cas-là des *alibi*, et supposant qu'au moment où le miracle était censé se faire, ce « rêveur, » ce « musard » (II, p. 251) sera « resté quelque part en route; » enfin les équivoques de cette école pour qui Schleiermacher est « un oracle : » — « Et il faut dire, ajoute-t-il sans plus de respect pour ce maître tant adulé, qu'il y avait dans tout son être ce je ne sais quoi d'ambigu qui est la marque par excellence des oracles. »

Mais ces savants ont pour excuse de n'a-voir pas connu les travaux du docteur Strauss : il leur doit donc de l'indulgence. Il a moins de ménagements pour ceux qui sont venus plus tard sans le suivre, et beau-coup moins encore, on le conçoit, pour ceux qui, loin de le suivre, l'ont attaqué. Qui n'est pas avec lui est contre lui, et brouillé avec la critique. A Weisse, qui pourtant ne l'a pas trop mal accueilli, il reproche doucement sa demi-philosophie et son demi-courage, lui souhaitant une « philosophie qui se tienne sur ses pieds au lieu d'emprunter à la reli-gion des béquilles; » et il lui jette ces mots pour adieu : « Est-ce assez de fatras et ne faut-il pas se détourner avec ennui d'un au-teur qui semble s'obstiner sciemment dans l'absurde? » (I, p. 134). Chez Ebrard, qui l'a rejeté, il trouve « une orthodoxie à l'état d'impudence » (I, p. 39); des « indécences qui ont offensé la loyauté des honnêtes gens; » et il traduit ses arguments en ce lan-gage : « Je sais bien qu'ils sont mauvais, mais ils sont encore trop bons pour vous, et ils seront toujours bons tant que l'Eglise aura des emplois et des pensions à distribuer, tant que nous autres conseillers des consistoires serons chargés de l'examen des candidats. » (I, p. 49).

Les ministres qui entendent autrement que lui les fonctions pastorales, et les consistoires qui l'en ont déchargé, ont leur part toute spéciale dans ces injures. Veut-on savoir pourquoi ils le repoussent? C'est que, si le christianisme devient jamais ce que veut l'auteur, « ils devront se borner à enseigner, et n'auront plus à bénir, besogne beaucoup plus facile et plus productive que l'autre (I, p. VII). » Il n'est pas moins amer pour ceux qui, tout en pensant comme lui sur le fond des choses, ont su, par les formes qu'ils ont données à leurs pensées ou les voiles dont ils les ont revêtues, échapper à l'anathème dont il a été lui-même frappé. Il les dépouille de ces voiles, et veut qu'on dise si, à part l'habileté de la mise en œuvre et la bonne foi du procédé, on y peut voir une différence. Il se prend, par exemple, à Ewald, dont on a cité de fort belles pages sur la personne de Jésus-Christ, et ne craint pas d'affirmer que, sur la résurrection, « sa longue et prétentieuse discussion n'ajoute rien » à ce qu'il a exposé lui-même « avec bien moins d'onction, sans doute, mais avec bien moins de galimatias. » « Ce cliquetis de mots, ajoute-t-il, ce tapage de phrases qu'Ewald soulève autour de ces questions, me semble marquer l'extrémité où en est réduit ce genre de théologie. » Il se fait fort de dissiper « ces ombres artificielles d'une théologie ampoulée ; » et quand plus tard il le retrouve, c'est pour l'engager à laisser là son « obscur jargon » et à « faire litière » avec lui des « détritus exégétiques, » de « faits prétendus naturels (II, p. 225). » Dans la critique contemporaine, il n'épargne guère que M. Renan, à qui il accorde, on l'a vu, son « estime, » et Baur, qui avait bien quelque titre à sa reconnaissance : car si Baur n'a pas approuvé l'idée-mère de son système mythique, il lui a suggéré une manière de le renouveler; et puis il est, contrairement au sentiment général de la critique actuelle, son soutien contre saint Jean. Aussi ne fait-il pas bon de s'attaquer à Baur : on est rangé parmi « les commis au détail de la critique, » et l'on est convaincu « de reprocher une erreur de quelques centimes au grand spéculateur qui opérait sur des millions (I, p. 142). » Heureux encore si, « pour avoir fermé les yeux à l'évidence » de ses démonstrations, on n'est pas atteint et convaincu de partager « l'entêtement obtus de l'ancienne école de Tubingue ou l'indécent aplomb des néorthodoxes comme Schmid et Ebrard (II, p. 109). »

Voilà les aménités du docteur Strauss envers ses adversaires, et encore se défend-il de faire de la polémique : « Néanmoins, ajoute-t-il, et ne fût-ce que pour nous divertir, nous n'écarterons pas tout à fait la controverse; mais hors les rencontres naturelles, nous ne pousserons la reconnaissance que vers les points qui en valent la peine, c'est-à-dire vers les nids où les cloportes fourmillent (1, 213). » Si c'est en tenant ce langage que le docteur Strauss croit faire un livre populaire, s'il espère avoir la popularité de Luther en imitant les plaisanteries, les grossièretés et les injures de ses pamphlets, il pourrait bien se tromper de temps; et ceux qui se flattent de faire goûter de pareilles choses dans notre langue, se sont trompés certainement de pays.

Mais voyons le système du docteur Strauss, à son tour, et comment il l'applique dans les deux parties de son livre.

II

Tout le système du docteur Strauss repose sur la question des Evangiles. Son édifice croule par la base si un seul est authentique. Aussi a-t-il commencé par les rejeter, et c'est un service dont il se fait honneur auprès de ceux qui veulent comme lui attaquer la divinité du christianisme. On se donnait beaucoup de mal à éliminer le surnaturel des Evangiles. Le docteur Strauss agit beaucoup plus simplement : il élimine les Evangiles. On voit très-bien son but, mais on aperçoit moins la légitimité de ses raisons. De quel droit rejeter ces témoignages ? « Par

cela seul qu'ils rapportent des faits surnatu-
rels, il est clair, dit-il, qu'ils ne sauraient
être des documents historiques. » C'est ce
qui est à démontrer, et cette élimination
préalable est tout le contraire de la méthode
historique invoquée tout à l'heure. La vraie
méthode historique veut qu'on juge des faits
d'après les témoignages authentiques, et non
de l'authenticité des témoignages d'après la
nature des faits affirmés. L'Evangile de saint
Matthieu attestant un miracle, vous dites que
l'Evangile n'est pas de saint Matthieu. C'est
un faux raisonnement : car alors même que le
surnaturel serait inconciliable avec l'histoire, il resterait à prouver que saint Matthieu n'a pas pu, même se trompant, affirmer un fait surnaturel; alors même que son
Evangile serait, sur quelques points, en contradiction avec les autres historiens ou avec
les autres évangélistes, il resterait à prouver qu'il n'a pas pu contredire tel autre
évangéliste ou tel autre historien. Chose
étrange ! tout le raisonnement de Strauss
part de ce principe : l'infaillibilité de saint

Matthieu. Mais ce principe n'est pas le sien :
et ainsi toute son argumentation sur l'authenticité des Evangiles repose sur une
hypothèse non démontrée. Laissons-le donc
vanter les avantages de sa méthode : « On
gagne ainsi, dit-il, d'en être quitte de la
peine de concilier des choses inconciliables »
(toujours par hypothèse); mais attendons
pour la recevoir qu'il en ait établi les fon-
dements.

Cette théorie, qu'il rappelle à son rang
dans l'exposé des systèmes sur la vie de
Jésus-Christ, il la reprend purement et simplement de l'ancien livre pour le livre nouveau. A cet égard, ses arguments ne sont
que des redites, et ce n'est pas ici le lieu
d'en renouveler la discussion. Le livre pourtant a quelque chose de neuf en ce qui con-
cerne saint Jean. Le docteur Strauss, tout
en rejetant les trois premiers évangélistes,
hésitait d'abord sur saint Jean, et il l'en faut
louer : mais cela compromettait singulière-
ment sa théorie. Que devenait l'élaboration
mythique de l'histoire de Jésus-Christ de-

vant un pareil témoin? Jean devait donc
être rejeté comme tous les autres. Baur, sur
ce point, a rendu cœur au docteur Strauss;
et il entre cette fois dans la lutte avec une
résolution qui ne laisse rien à désirer aux
plus ardents disciples de l'école de Tubingue. L'auteur du quatrième évangile n'est
plus l'apôtre aimé de Jésus-Christ, ce témoin
imposant dont l'originalité se révèle par des
peintures si vives et des sentences si hau-
tes. C'est un rédacteur, fort intelligent d'ail-
leurs, qui façonne des mythes à froid ;
« qui ne laisse pas de se rattacher étroite-
ment à ses devanciers, de s'appuyer sur eux
et de les supposer connus même dans le
détail (II, p. 2; cf., p. 217); qui enfin, pour se
hausser à un point de vue plus élevé, « est
allé chercher une échelle à Alexandrie (I, p.
183). »

Voilà donc les trois premiers évangélistes
dûment reconnus par le quatrième comme
historiens de Jésus-Christ : tellement reconnus, que le docteur Strauss appelle son
évangile « un remaniement des traditions

synoptiques (II, p. 144). » Et si ce quatrième évangéliste était vraiment saint Jean, par hasard, ce serait là pour l'autorité des trois premiers un certificat qui en vaudrait bien un autre : un certificat de saint Jean contresigné du docteur Strauss ! Or, si le docteur Strauss, avec l'école de Tubingue, nie qu'il soit saint Jean, tous les critiques aujourd'hui l'affirment, tous, y compris M. Renan lui-même, et quant à l'école de Tubingue, il y a une telle anarchie sur ce point entre ses docteurs, que M. Reuss croit désormais inutile de les aller combattre, les laissant se réfuter les uns les autres, et ne doutant pas qu'à force de se contredire mutuellement, ils ne reviennent au sentiment commun.

Le docteur Strauss, dans cette nouvelle exposition, a donc servi (sans le vouloir) la cause de l'authenticité des Evangiles. Il a prouvé que les trois premiers étaient reçus du quatrième évangéliste. Or les critiques les moins suspects s'accordent à dire que le quatrième est saint Jean ; et son autorité, bien que le docteur Strauss persiste à le méconnaître, ajoute une grande valeur à ces rapports avec les trois premiers évangélistes, rapports que le même docteur a reconnus.

Mais passons au fond du livre nouveau.

Par une anomalie assez étrange, le docteur Strauss, avant d'aborder le récit, commence par rejeter les sources d'où il doit le tirer. Un tel procédé dit assez de quelle nature sera son histoire. On avait prétendu que l'auteur de la *Vie de Jésus* niait l'existence de Jésus : c'eût été par trop fort ; et cela n'était pas vrai : mais l'erreur, disons-le, avait bien son excuse. Quand on le voyait nier tous les actes et toutes les paroles de Jésus-Christ, comment n'être pas tenté de croire qu'il le niait aussi lui-même? Un personnage qui ne fait rien et ne dit rien, est un personnage, ce semble, qui tient une bien petite place dans l'histoire. Mais pourtant il y a dans le monde un grand fait subsistant : le christianisme. Cela suppose un fondateur, et, par suite, une action, quels qu'aient pu être les actes et les paroles. Le docteur Strauss n'avait donc pas pu nier l'existence de Jésus-Christ, et il avait raison d'affirmer qu'on ne l'avait pas compris. Pour donner force à son affirmation, il change le plan de sa nouvelle Vie : sans renoncer à sa conception mythique, il commence par l'histoire.

Mais quelle histoire?

On connaît ces éditions allemandes des grands auteurs classiques, où l'on voit une ligne de texte surnager à la partie supérieure de toute une page de notes destinées à lui servir de commentaire. Qu'on se figure ce que deviendrait le récit, si l'histoire d'Hérodote, par exemple, était remplacée par les notes de ces commentateurs mises bout à bout, et l'on aura l'idée de l'agrément que peut offrir la *Nouvelle Vie de Jésus* du docteur Strauss, substituée au texte de l'Évangile. Il y a pourtant une différence dont il est juste de tenir compte dans ce rapprochement. Les commentateurs d'Hérodote s'appliquent à éclaircir leur texte, et s'il présente quelque difficulté en soi ou dans ses rapports avec d'autres histoires, ils travaillent à la dissiper. Le docteur Strauss, au contraire, dans ce commentaire de l'Evangile, semble n'avoir d'autre pensée que de chercher entre les textes des contradictions, d'obscurcir ce qui est clair, d'embrouiller ce qui est net, en un mot de faire naître des difficultés. Prenons, par exemple, l'histoire de l'Enfance. Il y a entre saint Matthieu et saint Luc deux narrations fort différentes : l'un raconte l'adoration des mages et la fuite en Egypte ; l'autre, l'adoration des bergers, la présentation au temple et le retour à Nazareth, où il se retrouve avec saint Matthieu. Ces récits sont-ils inconciliables ? Leur concordance a été parfaitement vue dans tous les temps, et si on en voulait une plus ample exposition, Bossuet la donne dans ses *Elévations sur les Mystères*. Il y montre comment les deux récits s'entremêlent dans l'ordre suivant : l'adoration des bergers et l'adoration des mages, la présentation au temple et la fuite en Egypte. Mais le moyen d'admettre une interprétation aussi simple? Comment, nous dit-on, la sainte Famille, après l'adoration des mages, serait-elle venue à Jérusalem ?— Et pourquoi, dirons-nous, n'y serait-elle pas venue, puisque les mages n'y étaient pas retournés ? — Comment le saint vieillard Siméon et Anne la prophétesse ne l'ont-ils pas trahie, si la jalousie d'Hérode était déjà éveillée par la déclaration des mages ? — Mais quel écho les paroles du saint vieillard avaient-elles dans le palais d'Hérode? et ceux qui attendaient la rédemption d'Israël devaient-ils donc, sur les révélations de la prophétesse Anne, aller dénoncer Jésus à la fureur du roi? La fuite en Egypte a donc pu suivre la présentation ; et si saint Luc, après la présentation, parle du retour à Nazareth, c'est que, laissant l'histoire racontée par saint Matthieu, il la reprend avec lui au moment où ce retour va lui donner l'occasion d'ajouter un nouveau trait à l'histoire de l'Enfance.

C'est dans le même esprit que le docteur Strauss reprend et oppose les divers récits des Evangiles sur la vocation des apôtres et les guérisons des malades. Qu'ils soient vagues ou qu'ils soient précis, il y trouve également à reprendre. Saint Pierre coupe une oreille à Malchus : « Quelle oreille? s'écrie-t-il. C'est ce que Matthieu et Marc, qui le suit ici, ne disent pas, tandis que Luc et Jean désignent l'oreille droite. » — Qu'il tienne compte aux premiers de n'avoir pas dit l'oreille gauche! — Dans l'histoire du paralytique descendu sur son grabat du haut de la maison aux pieds de Jésus-Christ, il se raille de saint Marc qui, « ignorant l'ouverture déjà pratiquée dans le toit, en fait percer une par les porteurs au nombre de quatre, autant que le lit a de coins (ou, si le docteur le veut bien, autant que les deux bâtons qui supportaient le grabat avaient de bouts), sans songer qu'il met par là les gens rassemblés à l'intérieur en danger d'être assommés par la chute des briques (II, p. 154); » comme si l'ouverture pratiquée sur le haut des maisons était communément d'une largeur à laisser passer un homme avec son lit, et que l'enlèvement de quelques briques ne pût se faire sans que les gens d'en bas fussent exposés à les recevoir sur la tête ! — Il se demande comment les saintes femmes ont apporté au saint sépulcre tout un quintal d'aromates : comme si, dans l'usage de tous les jours, et je dirais presque dans les habitudes de ménage, puisque la discussion se rabaisse jusque-là, apporter ne se pouvait pas dire de ce qu'on se fait apporter. Je laisse mille petits traits (mais le docteur Strauss n'omet rien) où l'on pourrait voir des contradictions, et qui ne sont que la marque de l'originalité des récits. Prenons la scène du crucifiement. Ici Marie-Madeleine est mise au pied de la croix, là elle figure dans l'éloignement : c'est une contradiction. Est-ce un argument contre l'un ou contre l'autre des Évangiles ? Représentez-vous le tableau de Rubens : que quatre spectateurs se chargent de le décrire, ils devront, sous peine d'infidélité, reproduire chaque figure respectivement au même lieu et dans une même attitude. Mais si vous les placez en présence de la réalité, les personnages vivent et se meuvent, et selon qu'on les prendra dans tel ou tel moment précis, on aura des tableaux différents et cependant également vrais. C'est ce qu'il ne faut pas perdre de vue quand on compare les Evangiles. Le docteur Strauss les traite comme des peintures mortes : ce sont des tableaux pris sur le vif.

Nous le répétons : le système d'interprétation du docteur Strauss, loin de rien éclaircir, obscurcit tout, et c'est là son objet. Il n'y a qu'un moyen d'y voir clair, c'est de passer l'éponge et de revenir du commentaire au récit tout simple de l'Evangile. N'attendez pas, du reste, de cette *Vie nouvelle*, ni un nouveau portrait, ni un nouveau trait de Jésus. Quoique le critique ait eu cette fois bien sérieusement l'envie de faire une histoire, c'est toujours la négation qui domine. Il nie que Jean ait pu voir un supérieur en Jésus. Il nie la génération de Jésus-Christ telle qu'elle est racontée en saint Matthieu et en saint Luc;

mais, en revanche, il affirme que Jésus avait des frères, bien qu'il soit « très-vrai que le langage biblique donne parfois le nom de frères à de simples cousins (I, p. 254). » N'était-ce pas le cas de le prendre ainsi, quand les évangélistes nous donnent les noms des parents de ces prétendus frères, et que ce sont non pas Joseph et Marie, mais Cléophas et Marie, sœur de la Sainte Vierge? Mais que deviendrait la vieille calomnie des Juifs, si elle n'était reprise et soutenue par les nouveaux docteurs chrétiens? — Il vous dira encore que Jésus n'était pas fils de David, qu'il n'avait pas la prétention d'être le Messie, qu'il ne se disait pas le fils de Dieu; et si vous alléguez les textes de saint Jean, il répliquera que « jamais homme sain de tête et de cœur n'a pu tenir sur lui-même un pareil langage (I, p. 264). » — Mais le passage de saint Matthieu : « Personne ne connaît le Fils, si ce n'est le Père, et personne ne connaît le Père si ce n'est le Fils et celui à qui il a plu au Fils de le révéler (xi, 27)? » C'est « une lueur passagère du dogme de saint Jean

(I, p. 267). » Le dogme de saint Jean était donc au moins reçu parmi les fidèles avant l'Evangile de saint Jean. C'est un aveu qu'il est bon de noter.

Le docteur Strauss niera encore que Jésus-Christ ait fait des miracles. Il en devait faire, dit-il, en qualité de Messie, ou du moins de prophète; mais il n'en a pas fait, si ce n'est certains miracles pour lesquels notre critique ne craint pas de se ranger lui-même dans l'école si bafouée par lui de Paulus. Sur le théâtre et sur le temps de la vie de Jésus, il opposera, bien loin de les concilier, les diversités apparentes des Evangiles : il vous dira que Jésus n'est pas venu plus d'une fois à Jérusalem; que ces voyages, marqués si clairement dans saint Jean, sont des artifices de saint Jean; que les synopti-ques n'en portent pas la trace; bien que saint Luc marque expressément en deux passages (ix, 51, et xiii, 22) les voyages dont saint Jean donnera le récit. Mais d'ail-leurs, le dernier séjour de Jésus à Jérusalem est-il d'un homme qui y débute, et ne té-

moigne-t-il pas d'une habitude ancienne
avec le peuple et ses docteurs? Et cette
apostrophe : « Jérusalem, Jérusalem, qui
tues les prophètes et qui lapides ceux qui te
sont envoyés, combien de fois j'ai voulu ra-
masser tes enfants comme la poule rassemble
ses petits sous ses ailes, et tu ne l'as pas
voulu (Matth., xxiii, 37, et Luc., xiii, 34)! »
ce cri de commisération et de reproche
n'implique-t-il pas évidemment que Jésus ne
venait pas alors pour la première fois à Jérusalem, et que ses paroles avaient été re
jetées, comme on le voit dans les récits de
saint Jean?

Jésus vient donc, une fois du moins, à
Jérusalem; et le docteur Strauss admet même à la rigueur son entrée triomphale : il
est vrai que ce lui est une occasion d'y mê-
ler le grotesque, en prétendant que, selon
saint Matthieu, Jésus était monté tout à la
fois sur deux ânes, sur l'ânesse et sur l'â-
non. Le docteur Strauss, pour lui, n'en admet qu'un, ou l'ânon, ou l'ânesse : mais
qu'on ne dise pas avec saint Luc qu'il n'a-

vait jamais été monté : « Un animal non dressé risquait de troubler l'entrée, et l'impression qu'elle devait produire (II, p. 278, 279). » — Tout est de même goût dans cette histoire !

Quand c'est sur ce ton-là que débute la Passion dans ce livre, on peut deviner ce qu'elle y sera : une suite de gloses négatives sur la Cène, sur les paroles de Jésus à ses disciples, sur les détails de l'arrestation, du jugement et de l'exécution. L'auteur glisse sur la trahison de Judas, s'appliquant à rejeter tous les motifs qu'on en donne, ceux de M. Renan comme ceux de saint Jean, sans d'ailleurs en chercher quelque autre, et rapportant avec complaisance, sans l'adopter non plus, l'hypothèse d'un « critique ingénieux : » que Judas aurait été imaginé pour faire une place à saint Paul dans le collége des Douze (I, p. 394)! Enfin s'il admet, contre le sentiment de plusieurs de ses pareils, que Jésus-Christ est mort sur la croix, c'est qu'il rejette les preuves de sa résurrection.

La question de la Résurrection ne peut

pourtant pas être traitée à la légère. La Résurrection est la condition même de l'établissement du christianisme; mais si elle était prouvée, que servirait-il de nier les miracles? Or, sur la Résurrection, nous n'avons pas seulement le témoignage des Evangélistes, que le docteur Strauss rejette; nous avons le témoignage de saint Paul, dans des épîtres qu'il est bien forcé d'admettre, à moins de nier la prédication et l'existence de saint Paul : Baur lui-même les reconnaît; et dans ces épîtres, inséparables de son nom, de sa mission et de sa personne, saint Paul affirme la Résurrection, non pas seulement en son nom, mais au nom des apôtres qu'il a vus et de qui il l'a apprise.

C'est ici la pierre d'achoppement de tous ceux qui, sans contester la bonne foi des apôtres (et comment la pourrait-on révoquer en doute?) refusent de croire à leur témoignage. Vainement mettrait-on l'apparition de Jésus-Christ à saint Paul sur le compte de l'extase; vainement le docteur Strauss re-

·lève-t-il « les qualités extatiques fort remarquables de saint Pierre. » Il faudrait aussi prouver les facultés extatiques de saint Jacques, et des Onze, et des cinq cents disciples témoins de Jésus-Christ ressuscité, « et dont plusieurs, » ajoute saint Paul, « vivent encore. » N'y voir que des illusions de visionnaires, c'est choquer le bon sens, quand l'apparition se produit non pas à un, mais à plusieurs ensemble; et rapporter ces visions à la surexcitation produite par la persécution, c'est en outre se heurter à l'histoire, puisque les apôtres, à la mort de Jésus, n'étaient persécutés en aucune sorte, et que la persécution ne commença pour eux, au contraire, qu'après qu'ils eurent prêché Jésus-Christ ressuscité. Enfin prétendre, comme le fait Strauss, que le témoignage de saint Paul sur ce point ne doit pas être reçu parce qu'il n'a pas examiné la question en critique, « soumis ces dires à un examen rigoureux relativement à leur base et à leur concordance intrinsèque et réciproque (I, p. 384), » c'est

ce qui, à l'égard de tout autre que nos auteurs sacrés, avec lesquels on se croit tout
permis, s'appellerait une impertinence : car
un fait comme la Résurrection valait bien,
ce semble, la peine qu'on s'en assurât ;
et quand un homme comme saint Paul écrit :
« Je vous ai enseigné tout d'abord ce que
j'ai appris moi-même, que Jésus-Christ est
mort pour nos péchés, selon les Ecritures, et
qu'il a été enseveli, et qu'il est ressuscité le
troisième jour, selon les Ecritures, et qu'il
s'est fait voir à Céphas (Pierre), puis aux
onze apôtres ; qu'après il a été vu en une
seule fois de plus de cinq cents frères,
dont plusieurs vivent encore aujourd'hui,
et quelques-uns sont déjà morts ; qu'en-
suite il s'est fait voir à Jacques, puis à
tous les apôtres (I Cor., xv, 3-7), » c'est évidemment qu'il s'était convaincu de la vérité
de chacune de ces apparitions par le témoignage de ceux qui avaient vu.

III.

Nous venons de montrer à quoi se réduit l'histoire que le docteur Strauss a voulu composer. Il a péremptoirement prouvé qu'il ne niait pas l'existence de Jésus-Christ : mais cela fait, que nous en a-t-il dit, et vraiment que pouvait-il nous en dire ? « L'idée d'une *Vie de Jésus*, écrivait-il ici même, au commencement de son Introduction, n'est pas seulement une idée moderne, c'est une idée contradictoire (I, p. 3); » et à la fin : « Aujourd'hui, nous savons à tout le moins avec certitude ce que Jésus n'a été point, et ce qu'il n'a point fait (I, p. 211). » Nous voilà bien avancés : et c'était bien la peine, pour en arriver là, de nous faire lire deux gros volumes ! Mais il n'en fallait pas moins pour nous développer cette négation : car c'est tout un système, et l'on connaît ce système. La religion des Grecs et des Romains ayant une mythologie, l'auteur en veut trouver une à la religion chrétienne ; et en conséquence, un grand fait qui se passe au siècle d'Auguste, qui, dès les premiers jours, a eu ses apôtres et ses contradicteurs, est transformé en mythe ni plus ni moins que les traditions perdues dans la nuit des temps. Le mythe se faisait déjà jour dans ce petit nombre de pages que Strauss avait promis de réserver à l'histoire. Si l'on a dit que Jésus a eu douze apôtres, c'est qu'il y avait douze tribus d'Israël (I, p. 359) ; qu'il a fait des miracles : c'est que Moïse en a fait (I, p. 346) ; qu'il est ressuscité : c'est que cela était écrit dans les psaumes et dans les prophètes (I, p. 404). Cette tendance de son esprit qui se produisait déjà, mais se trouvait mal à l'aise, dans une exposition prétendue historique, se donne pleine carrière dans la seconde partie de l'ouvrage : c'est là qu'il prend le mythe franchement et qu'il se plaît à suivre dans tout un volume « les diverses formes qu'il a parcourues du germe à l'achèvement, et comme ses métamorphoses de chenille à papillon, de têtard à grenouille (II, p. 263). »

Venons donc aux « chenilles » et aux « têtards » du docteur Strauss, et souhaitons qu'il ne nous fasse pas trop attendre ses « papillons » et ses « grenouilles. »

Ici on ne pouvait rien attendre de bien neuf. Les idées de l'auteur sont connues et le principe en est simple et d'une application facile. Les évangélistes déjà, et après eux les Pères de l'Eglise, avaient constaté dans l'histoire de Jésus-Christ l'accomplissement des prophéties : le docteur Strauss signale dans les prophéties le germe de l'histoire : « Ceci a été fait, » lisez : « Ceci a été raconté pour accomplir ce qui est dit dans les prophètes. » Il ne s'agit que de changer un mot pour retourner l'argument de son côté. Mais l'auteur revêt de son érudition la nudité du système, et l'antiquité classique vient apporter un supplément aux livres des Hébreux. Il déclare même, pour la génération de Jésus-Christ, les livres hébreux complétement insuffisants : « Dans la filiation divine, dit-il, entendue comme elle l'a été par le christianisme et excluant toute filiation humaine, il est difficile de ne pas reconnaître l'action d'idées païennes sur les premiers milieux chrétiens (II, p. 37). » — La naissance tardive de Jean a pour type la naissance d'Isaac; son annonciation, celle de Samuel; et l'auteur, faute de mieux, voit en image le « soubresaut joyeux » du Précurseur au jour de la Visitation, dans la lutte de Jacob et d'Esaü au sein de leur mère. L'étoile des Mages, c'est, au choix du lecteur, ou l'étoile de Jacob au livre des Nombres, ou telle apparition d'étoile que l'on voudra parmi celles qu'on a rattachées à la naissance ou à la mort des grands personnages de l'histoire : c'est ici que Suétone, Plutarque, Pline, Justin ou Trogue Pompée vien-

nent en aide à l'antiquité biblique, assez
pauvre, on l'avouera, en antécédents de ce
genre (II, p. 68). Ce n'est pas l'étoile qui
guide les Mages, c'est elle qui les fait inventer (II, p. 73). La persécution qui va suivre, c'est la persécution du peuple juif en
Egypte : Hérode n'est autre que Pha-
raon, à moins que ce ne soit Astyage,
grand-père de Cyrus, ou encore Amulius,
grand-oncle de Romulus et de Rémus, ou
enfin (qui l'eût cru?) le sénat romain persé-
cuteur d'Auguste. Jésus emmené en Egypte,
c'est Moïse fuyant d'Egypte, et plus tard, il
est vrai, revenant en Egypte : l'auteur sait
gré à la légende chrétienne d'avoir retrouvé
l'âne que mentionne l'Exode et que saint
Matthieu avait oublié. Les récits de l'Enfance, en saint Luc, qu'il opposait à ceux de
saint Matthieu, il les rapproche ici et les
identifie. Les trois Mages deviennent Siméon;
l'étoile, « la lumière qui illumine les nations » dans son cantique; et la prophétesse
Anne travaille, autant qu'elle peut, à produire quelque chose de l'émoi excité par

l'arrivée des mages à Jérusalem (II, p. 85).
Voilà certes une harmonie que nul, avant le
docteur Strauss, n'avait imaginée. L'auteur
entreprend même de vous dire comment s'est
faite cette transformation. Une seule chose le
trouble : c'est que, étant donné le paulinisme de saint Luc et le judaïsme de saint
Matthieu, la présentation au temple ne se
trouve pas plutôt en saint Matthieu, l'étoile
des mages et cette première vocation de la
gentilité en saint Luc; mais, après tout, « la
lumière qui éclaire les nations » réconcilie
saint Luc avec le paulinisme.

C'est dans l'histoire romaine et dans l'histoire contemporaine que le savant docteur
trouve l'équivalent de Jésus perdu et retrouvé dans le temple. « Suétone, dit-il, raconte
d'Auguste enfant, que, mis un jour par sa
nourrice dans une pièce du rez-de-chaussée,
il disparut pendant la nuit, et fut retrouvé le
lendemain matin, après de longues recherches, couché dans les combles et tourné vers
l'Orient. On demande peut-être quel rapport
il peut y avoir entre ce trait et celui de Jésus

enseignant au temple, à l'âge de douze ans? » — (Certes, on le demandera.) — « Sans doute, l'âge est différent, ce qui crée des circonstances différentes; mais le trait commun, c'est qu'un enfant prédestiné disparaît tout d'un coup de son milieu ordinaire, et est, après de longues recherches, trouvé dans un lieu consacré (II, p. 90). » — A la bonne heure!

Mais nous aurons des rapprochements plus forts que cela, en entrant avec l'ingénieux docteur dans l'explication mythique de la mission de Jésus-Christ.

Le baptême, c'est l'onction royale : — le baptême de saint Jean était, on en conviendra, aux yeux des Juifs, tout autre chose; mais Strauss tient compte des accessoires (II, p. 29-38). La tentation, c'est l'Hercule de Prodicus choisissant entre la vertu et le vice. c'est Abraham, c'est le peuple juif au désert, c'est (ceci est plus nouveau) David combattant Goliath (II, 99). La vocation des disciples, c'est Elie appelant Elisée du labourage, Cincinnatus conduisant la charrue quand les envoyés du sénat le saluèrent dictateur. Les apôtres, eux, étaient des pêcheurs : à cette vocation se rattache la pêche miraculeuse. Le docteur Strauss signale entre cette pêche et celle que saint Jean raconte, après la résurrection, des variétés de circonstances (on devrait s'étonner plutôt qu'il n'y en eût pas); et il en relève fort bien d'ailleurs le sens figuré : il y ajoute même. Si le filet ne se rompt pas dans la pêche de saint Jean, c'est que le schisme ne doit pas se faire dans l'Eglise : enseignement qu'il propose sans doute aux méditations de ses anciens collègues dans le ministère évangélique (II, p. 124). Ici nous touchons aux miracles de Jésus-Christ, et l'auteur, nous l'avons vu, a établi que Jésus comme Messie en devait opérer : aveu qui ne lui coûte guère, quand on voit comment il suppose que Jésus les faisait. Les miracles sont l'exécution du programme d'Isaïe, sauf les possédés, qui de son temps, nous dit le docteur Strauss, n'étaient pas « à l'ordre du jour. » Il en est d'autres encore que l'auteur réunit dans ce qu'il appelle *les scènes lacustres* (ne cherchez pas le mot dans le dictionnaire) : c'est le statère dans la bouche du poisson. Le docteur n'emploie pas moins de cinq pages pour montrer que le statère ne pouvait pas être dans la bouche; que le poisson, en happant l'hameçon, a dû le lâcher, etc. Nous voudrions bien savoir s'il est beaucoup plus commun qu'un poisson ait un statère dans le ventre, et s'il s'en trouve, que ce soit précisément celui-là qu'on prenne sur un ordre donné. Or, si cela n'est pas si commun et si le statère ne se trouve pas là naturellement, qu'importe qu'il soit dans le ventre ou dans la bouche? Mais en risquant ces questions, on s'expose à toutes les foudres que le docteur, dans son Introduction, lance contre Ebrard pour avoir voulu hasarder une réplique. Avec les pêches miraculeuses, ces « beaux coups de filet, » comme dit le docteur, les scènes « lacustres » contiennent les tempêtes, autres réminiscences de l'Ancien Testament. Jésus commandant à la mer, c'est Jéhovah gourmandant la mer Rouge (II, p. 230); Jésus marchant

sur les flots, c'est Moïse, c'est Josué, c'est Elisée traversant les eaux à pied sec (II, p. 234).
L'auteur rattache encore aux « scènes lacustres » la multiplication des pains, où il voit
non pas seulement la manne au désert, mais la
farine de la veuve de Sarepta au temps d'E-
lie, et les pains des enfants des prophètes
au temps d'Elisée; avec une petite disserta-
tion spéciale pour savoir si les pains se multi-
pliaient en nombre ou s'ils se rallongeaient
sous le couteau (II, p. 249 et suiv.). Il y
rattache même l'eau changée en vin. Pourquoi? C'est que c'est « un pendant liquide
à la multiplication des pains » (ce *pendant
liquide* est un miracle qui appartient en
propre au docteur Strauss). Comme la multiplication des pains était la manne, l'eau
changée en vin, c'est l'eau que Moïse faisait
jaillir au désert, avec un avantage marqué
pour le Messie, selon que le voulait sa dignité : Moïse donnait de l'eau, Jésus du vin
(II, p. 253). Parlerons-nous de la Transfigu-
ration? Le Thabor est, dans le même système, le *pendant* du Sinaï. Dans l'histoire de

Lazare, Marthe et Marie sont peut-être le judéo-christianisme et le paulinisme. Mais Lazare lui-même, qui est-il, et que faut-il penser de sa résurrection? On sait la triste réussite de l'explication naturaliste de M. Renan sur ce point-là : « Une scène de mystification, » dit sans plus de ménage-ment le docteur Strauss (I, p. 136). C'est donc le cas pour lui de montrer toute la supériorité de son système. Le Lazare de saint Jean, c'est le pauvre Lazare de saint Luc, c'est la parabole devenue miracle; idée qui paraît si lumineuse que plusieurs s'en disputent l'invention. Strauss avoue, sur cette précieuse identité, que Zeller est le premier qui l'ait vue; mais lui, il l'avait sen-tie! (II, p. 219, *note*.) Il est vrai que la pa-rabole où l'on voit Lazare et le mauvais ri-che dans l'autre monde est racontée par saint Luc pendant les voyages de Jésus à travers la Samarie et la Galilée (Luc. xvi, cf. xvii, 11), et que la maladie de La-zare arrive dans saint Jean peu de temps avant la dernière Pâque : en sorte que Lazare serait reçu dans le sein d'Abraham avant même que d'avoir quitté la terre, ce qui serait bien un autre miracle ! Mais qu'est-ce que cela ? Le mythe n'a pas les allures de l'histoire, et il n'a que faire de chronologie. Dans le domaine du mythe, on peut être malade après qu'on est mort, et il n'est pas besoin que l'on soit mort avant de ressusciter.

Les scènes les plus publiques, si je puis dire, de la vie de Jésus-Christ, son entrée à Jérusalem, sa dernière semaine, sa passion, n'échappent pas plus que les autres à cette manie mythologique; et le docteur Strauss devait d'autant moins résister ici à la tentation de rapporter l'histoire évangélique aux inspirations de l'Ancien Testament, que les évangélistes notent avec plus de soin l'application de l'Ancien Testament à l'histoire. A ce compte-là, non seulement le triomphe populaire de Jésus le jour des Rameaux, mais la trahison de Judas devient un mythe! c'est une manière comme une autre de payer sa dette à « ce pauvre Judas. »

L'histoire romaine sera mise aussi à profit. Le rêve de la femme de Pilate, c'est le rêve de Calpurnie, femme de César; les ténèbres qui se font à la mort de Jésus, sont une répétition de l'obscurcissement du ciel ou de l'éclipse signalés à la mort de César et d'Auguste. L'ascension apparaît comme une autre manière d'apothéose dont l'auteur cherche des analogies dans Hénoch et dans Elie ravis au ciel, ou dans Moïse qui disparaît derrière les rochers. C'est à Paulus qu'il a dû prendre cette figure-là.

Voilà les grandes découvertes que nous apporte la *Nouvelle Vie de Jésus*, et vraiment on ne voit rien là qui ne se trouve dans l'ancienne. Je me trompe toutefois : il y a ici quelque chose de nouveau, sinon dans l'appréciation des faits, au moins dans l'esprit du système. Strauss autrefois regardait ce qu'il appelait les mythes de la vie de Jésus comme le produit d'une lente élaboration populaire : ils seraient allés s'amassant dans la tradition, et un beau jour auraient été, on ne sait comment, consignés par écrit. Mais Baur lui-même avait montré combien l'idée du mythe était inconciliable avec les faits racontés par les Evangiles : et le moyen de soutenir ce système en présence d'un évangile aussi evidemment personnel que celui de saint Jean? Strauss maintient son idée et son mot; mais il fait droit à la critique du maître de Tubingue. Il y aura des « fictions voulues et réfléchies (I, p. 209), » des mythes créés de toutes pièces et dans une pensée déterminée par les évangélistes. Les analogies signalées entre les faits de l'Evangile et les traditions de l'antique mythologie, ne seront pas simplement de ces rencontres qui se produisent spontanément et sans calcul parce qu'elles procèdent comme d'un même mouvement des esprits: ce sont des analogies préméditées; et les évangélistes ne feront pas seulement des emprunts à la Bible : ils en feront à la mythologie grecque, ils en feront à l'histoire romaine, à Plutarque, à Suétone. « Suétone, nous dit le docteur Strauss, a aussi ses miracles, et il fournit des pendants à tous ceux du Nouveau Testament, depuis la génération surnaturelle jusqu'à l'Ascension (II, p. 66). » — Et nous n'avons pas eu une religion de l'Empire! et nous avons une nouvelle édition du livre du docteur Strauss! Car enfin, si les mythes ne sont plus que des contes, si au lieu d'aller chercher des analogies à l'histoire évangélique dans l'Ancien Testament et dans l'histoire des religions, nous pouvons nous en tenir à Suétone; si même « Suétone, » comme on nous le dit, « a un avantage, » celui de nous donner des fables du temps : toute l'érudition du docteur Strauss est un luxe inutile. Ne saurait-on ménager davantage le temps du public? et convient-il de lui servir encore tout ce vieux formulaire quand on a sous la main une formule simple qui peut remplacer tout? Le docteur Strauss dit quelque part « qu'un témoin oculaire peut n'avoir pas de valeur historique (I, p. 47); » et il emploie tout un volume à tâcher de nous montrer que les évangélistes ne sont pas des témoins oculaires! Il trouve dans Suétone tous les miracles de l'Evangile, « depuis la

génération surnaturelle jusqu'à l'Ascension; »
et il emploie tout un autre volume à y chercher des analogues, non pas seulement dans
la Bible, mais dans la mythologie des Grecs
et des Romains! A quoi bon tout cet attirail
d'érudition, puisque Suétone suffit? Suétone, oui Suétone lui-même est mis en re-
gard des évangélistes; les Evangiles ont leur
type dans l'*Histoire des douze Césars!*

Mais Suétone n'a pas donné ses Césars
pour des saints, et il n'est pas à croire qu'il
en ait sérieusement voulu faire des dieux.
Les évangélistes y mettront donc plus d'arti-
fice. C'est surtout en saint Jean que le docteur Strauss s'attache à le signaler. Il voudrait retourner contre lui ces traces profon-
des d'originalité reconnues de ceux-là mêmes qui sont le plus embarrassés de son témoignage. Il sent bien que saint Jean est la
hache de tout son système, et qu'il faut à
tout prix lui ravir son évangile, s'il veut
lui-même rester debout. Il ne rabaissera pas
pour cela le quatrième évangéliste : il le sa-
luera même, sinon du titre d'apôtre, au

moins du nom « d'homme de progrès! » Et voyez en quels termes il le déclare : « En dépit de l'ironie de Paul, dit-il, les trois apôtres-colonnes n'en opposaient pas moins un obstacle sérieux au progrès, même après leur mort, et tant qu'ils occupèrent, deux d'entre eux en personne et un troisième par un Sosie homonyme, les premières places dans la tradition évangélique. Pour ouvrir la brèche du progrès, il était assez nécessaire de faire sauter le triumvirat, et ce fut la tâche que s'imposa le quatrième évangéliste (II, p. 136). » Ce Jean du quatrième évangile, ce n'est plus « la colonne du judéo-christianisme, l'apôtre qui avait donné tant de tablature à Paul : » c'est « le disciple intime; » et il montre par quel calcul subtil l'évangéliste lui donne l'avantage sur Pierre : calcul bien subtil, en effet, car on ne trouve pas une seule fois le nom de Jean dans le quatrième évangile; et personne, assurément, ne l'y aurait soupçonné si Jean avait été, comme le prétend Strauss, si différent en réalité de l'idée qu'en donne cet évangile.

Mais ce n'est pas seulement au quatrième évangéliste qu'on rapporte cette composition réfléchie. Les synoptiques eux-mêmes ont une érudition qu'on ne leur soupçonnait pas, et le bon saint Matthieu fera sciemment du mythe : combinant avec adresse les éléments de son récit, et, s'il s'y trouve « une pierre d'achoppement, » introduisant dans la scène un trait qui l'écarte. Qu'on voie avec quelle science et avec quel art, selon le docteur Strauss, il a recueilli de divers côtés et mis en œuvre ce qu'il raconte de l'Enfance ! En vérité, si les évangélistes avaient procédé comme le suppose le docteur Strauss , leurs Evangiles ressembleraient fort à sa Vie de Jésus. On conviendra qu'il n'en est rien.

Tel est donc ce livre, dont les traducteurs, dans leur admiration, égalent les procédés à ceux de l'analyse chimique la plus parfaite; ce livre qu'une grande Revue proclame (sur sa couverture) « une œuvre de vulgarisation scientifique dans la plus large acception du mot. » Est-ce là de la science? Mais si ce n'en était pas ? S'il n'avait rien à nous apprendre de sérieux, comment trouverait-il au moins, dans sa mythologie, le secret d'amuser ? Eh bien, n'en déplaise aux admirateurs infidèles de M. Renan, devenus les prôneurs du docteur Strauss, son livre aussi est un roman, et un roman bien plus étrange encore : un roman d'annotateur, un roman de scholiaste, le roman le moins fait, quoi qu'ils en disent, pour devenir populaire : car c'est poursuivre une popularité de mauvais aloi, c'est manquer au peuple, que d'imaginer qu'on se rendra populaire en se jetant dans le trivial. Or n'est-ce pas là ce que fait le docteur Strauss, tournant en ridicule les procédés de ses rivaux, chez qui, dit-il, « on se passe toujours la rhubarbe et le séné ; » injuriant et bafouant ses adversaires, et ne traitant guère avec plus de dignité les évangélistes et l'Evangile même ? On a vu comment l'apôtre saint Jean donne « de la tablature à saint Paul ; » comment le quatrième évangéliste veut « faire sauter le triumvirat ; » et comment, pour s'élever au-dessus des autres, il va « chercher une échelle à Alexandrie. » Ce qui n'empêche pas qu'au dire de notre auteur, il ait fait de Jésus-Christ « un homme sans cœur et sans tête, » et de Jean-Baptiste un mannequin. Ecoutez-le sur Jean-Baptiste : « Dans le quatrième Evangile, dit-il, il est dépouillé de toute individualité et complétement vidé; il ne garde que sa valeur de témoin, et, pour ainsi dire, de poteau indicateur. On dirait un de ces héros de certains drames au goût du jour, privés de toute vie propre et de toute individualité naturelle et humaine, mannequins empaillés ou baudruches gonflées du pathos de leurs poëtes (II, p. 118-119). » Ajoutez-y « *la course au clocher de la foi* accomplie par Pierre et Jean au tombeau de Jésus (II, p. 399). » Ici le docteur Strauss ou ses traducteurs pourraient s'autoriser de la *robe de Nessus du ridicule* dont M. Renan a affublé les Juifs (*Vie de Jésus*, p. 334) : mais l'imitation est périlleuse.

Disons-le donc : si c'est là le dernier mot de l'école critique sur la vie de Jésus et sur les Evangiles, nos grands chimistes peuvent être tranquilles : la méthode du docteur Strauss ne les a pas encore relégués au second rang. Mais c'est vraiment se faire une étrange idée de la chimie que d'en rapprocher ces rêveries malsaines et cette érudition à contre-sens. — La méthode historique n'a rien à y voir davantage.

FIN

Imp. de Pillet fils aîné, r. des Gr.-Augustins, 5.